Sehen · Staunen · Wissen
DIE JUNIOR-BIBLIOTHEK

GREIFVÖGEL & EULEN

Text von Jemima Parry-Jones
Fotos von Mike Dunning

Gerstenberg Verlag

Die Deutsche Bibliothek – CIP-Einheitsaufnahme

Greifvögel & Eulen / Jemima Parry-Jones. Fotos von Mike Dunning.
[Aus dem Engl. übers. von Margot Wilhelmi]. – Hildesheim:
Gerstenberg, 1993
Einheitssacht.: Amazing birds of prey <dt.>
ISBN 3-8067-4723-7
NE: Parry-Jones, Jemima; Dunning, Mike; Wilhelmi, Margot [Übers.];
Greifvögel und Eulen; EST

Ein Dorling-Kindersley-Buch;
Originaltitel: Amazing Worlds: Amazing Birds of Prey
Aus dem Englischen übersetzt von Margot Wilhelmi, Sulingen

Satz: Gerstenberg Druck GmbH
Printed in Italy
ISBN 3-8067-4723-7

Inhalt

Diese Kinder sind etwa 1,20 m groß. Sie veranschaulichen dir die Größe der abgebildeten Vögel.

Räuber und Jäger

Greifvögel leben räuberisch: sie jagen und fressen andere Tiere. Dafür haben sie kräftige Füße (Fänge) mit langen, scharfen Krallen zum Greifen der Beute und spitze Hakenschnäbel zum Abreißen von Fleischbrocken.

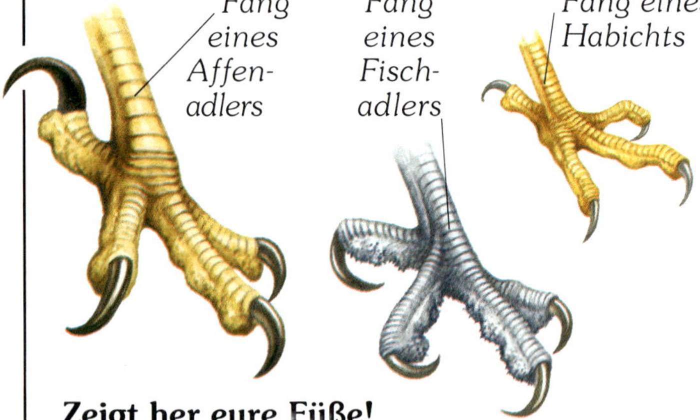

Lebenskünstler
Vielen Greifvögeln reicht eine große Mahlzeit am Tag. Den Rest der Zeit können sie sich ausruhen.

Zeigt her eure Füße!
Greifvogelfänge haben vier Zehen mit scharfen Hakenkrallen. Habichte fangen mit ihren schlanken Zehen Vögel aus der Luft. Mit seinen langen Krallen und Zehen mit stacheliger Unterseite kann der Fischadler schlüpfrige Fische festhalten. Affenadler greifen mit ihren riesigen Fängen Affen und andere Säugetiere.

Adleraugen
Greifvögel haben scharfe Augen. Die Augen eines Mäusebussards sind genau so groß wie deine, obwohl der Vogel nur 50 cm mißt! Ein Bussard kann dich noch sehen, wenn er so hoch über dir fliegt, daß du ihn nur mit einem Fernglas erkennst.

Kleiner Mann
Bei den meisten Greifvogelarten ist das Weibchen größer als das Männchen. Das Kurzfangsperbe Weibchen kann z.B. fast doppelt so schwer werden wie das Männchen.

Der starre Blick gibt dem Raubadler ein gefährliches Aussehen.

Kropf
Greifvögel haben einen Kropf – eine Art Tasche in der Speiseröhre, ɲ der sie Nahrung für später oder für ɦre Jungen aufheben können.

ɴapoleons Vogel
ɢreifvögel sind als ᴡappentiere ɓeliebt. Unser ɴationalwappen ist ɗer Bundesadler. ᴀuch der französiɘche Kaiser ɴapoleon hatte ɘinen Adler auf ɘeiner Flagge.

ɴatürliche ᴀuslese
ɢreifvögel wie der ʀaubadler jagen ɱeist kranke oder ɘchwache Tiere, ᴡeil die leichter zu fangen sind. Daɗurch überleben und vermehren sich ɲur die gesunden, kräftigen Tiere.

Geier

Geier fressen Aas (Tierleichen): sowohl Tiere, die eines natürlichen Todes gestorben sind, als auch Reste von Raubtiermahlzeiten.

Schnüffler
Der Truthahngeier findet seine Beute auf eine für Vögel ungewöhnliche Weise: er riecht sie. Im Tiefflug kreist er über dem südamerikanischen Dschungel und schnuppert nach toten Tieren.

Der Kondor
Der Kondor der südamerikanischen Anden ist der größte flugfähige Vogel. Wie alle „Geier" Amerikas ist er nicht näher mit den anderen Greifvögeln verwandt. Die nächsten Verwandten der Neuweltgeier sind die Störche.

Superschnabel
In Streifen kann ein afrikanischer Ohrengeier einem Elefanten die Haut vom Leibe ziehen. Oft müssen andere Geier auf seine Ankunft warten, ehe sie fressen können.

Badezeit
Geier sind sehr saubere Vögel. Nach einer Mahlzeit fliegen sie oft weite Strecken bis zum nächsten Fluß, um dort zu baden.

Seltener Vogel
Der Kalifornische Kondor st in freier Natur schon ausgestorben. Jetzt setzt man in Gefangenschaft gezüchtete Vögel aus und hofft, so sein Überlebe sichern zu können.

Bis auf die Knochen
Geier sind unverzichtbare Vögel. Sie fressen das Fleisch toter Tiere, ehe es verfault und Krankheiten verursacht.

Der Kondor hat eine Flügelspannweite von 3,5 m.

Königsgeier
Alle Geier haben kahle Köpfe. Das liegt daran, daß sie als Aasfresser ihre Köpfe oft tief in blutige Kadaver stecken. Federn am Kopf würden nur verkleben.

Milane, Weihen, Fischadler

Milane segeln oft hoch am Himmel und können dabei sogar fressen. Weihen fliegen knapp über dem Boden und suchen Mäuse. Fischadler greifen sich Fische aus dem Wasser.

Feuerfolger
Waldbrände hinterlassen viele tote oder sterbende Insekten und Kleinsäuger. Ein gefundenes Fress für den Schwarzen Milan!

Sturzflug
Fischadler kreisen hoch über dem Wasser. Haben sie einen Fisch entdeckt, stürzen sie mit angelegten Flügeln hinab. Knapp über dem Wasser strecken sie die Fänge nach vorn, um die Beute zu packen.

Griffige Füße
Fischadlerfänge haben auf der Unterseite stachelige Schuppen. Die Krallen eignen sich gut zum Fischefangen: sie sind lang und stark gebogen, und eine Zehe läßt sich nach hinten abwinkeln.

Viele hungrige Schnäbel
Manche Weihenmännchen haben mehrere Weibchen. Wenn diese alle Junge haben, müssen die Männchen hart arbeiten, um genug Futter für alle herbeizuschaffen.

Übergabe im Flug
Um Zeit zu sparen, bringt das Weihenmännchen die Beute nicht zum Horst (Nest), sondern ruft sein Weibchen herbei. Sie flieg ihm entgegen, und er wir ihr die Nahrung zu.

Eine Höhlenweihe greift in eine Baumhöhle.

Nesträuber
Die Höhlenweihe kann ihr „Knie“ nach vorn und nach hinten abknicken. Dadurch kann sie gut in Höhlen hineingreifen und diese nach leckeren Eiern und Jungvögeln absuchen.

Haltet den Dieb!
Milane ernähren sich nicht nur von Jagdbeute. Sie fressen auch Aas und Müll. Manche stehlen sogar Menschen ihr Picknick.

Laufgelenk („Knie“)

Habichte und Falken

Habichte schlagen ihre Beute in schnellen Überraschungsangriffen. Falken erspähen ihre Beute aus großer Höhe und stürzen sich dann im Sturzflug auf sie herab.

Dieser junge Wanderfalke ist 14 Wochen alt.

Gefährdete Wanderer
Wanderfalken sind bei uns selten geworden. Mit ihrer Beute nahmen sie Umweltgifte auf und wurden so selbst vergiftet. Seit die Gifte verboten sind, die Horste bewacht und Wanderfalken gezüchtet werden, nimmt ihre Zahl wieder zu.

Mit Sicherheitsnetz

Der Gabar-Habicht brütet hoch oben in den Bäumen Afrikas. Zum Schutz vor Feinden bringt er Spinnen mitsamt ihren Netzen zu seinem Nest. Die Spinnen weben den Habichthorst ein, so daß er kaum zu entdecken ist.

In den Wipfeln

Waldfalken leben in den dichten Regenwäldern Südamerikas. Sie sind so geschickte Flieger, daß sie selbst in fast undurchdringlichem Urwald noch im Flug jagen können.

Küchenjunge

Im Mittelalter hielten sich viele Köche einen zur Jagd abgerichteten Habicht. Wenn dieser fleißig war, war die Speisekammer immer gefüllt.

Rupfer

Der Eckschwanzsperber frißt kleine Vögel. Bevor er sie verspeist, trägt er die toten Vögel zu einem Rupfplatz und reißt ihnen die Federn aus.

Zeckenpicker

Der Gelbkopf-Chimachima ist ein Falke aus Südamerika. Er setzt sich auf den Rücken von Weidevieh und pickt Zecken ab, die beim Vieh Blut saugen.

Hosentaschenformat

Der afrikanische Halsbandzwergfalke ist nur etwa 15 cm groß. Er frißt vor allem Insekten, aber auch kleine Vögel, Mäuse und Eidechsen.

Adler

Adler können mit ihren mächtigen Fängen Beutetiere schlagen, die ebenso groß sind wie sie selbst.

Riesenhunger
Der Kampfadler ist der größte Adler Afrikas. Normalerweise jagt er andere Vögel. Dieser hier hat jedoch eine kleine Antilope erbeutet.

Leichte Beute
Die Pazifischen Lachse schwimmen im Winter in die Flüsse, legen dort ihre Eier ab und sterben. Adler fischen die toten Lachse aus dem Wasser.

Noch nicht weiß
Es dauert noch vier Jahre, bis dieser einjährige Weißkopfseeadler einen weißen Kopf bekommt. Der Weißkopfseeadler ist der Wappenvogel der Vereinigten Staaten. Durch Gifte und Bejagung ist er heute vom Aussterben bedroht.

Stattlich
Die südamerikanische Harpyie kann bis zu 1 m lang werden. Mit ihren riesigen Fängen reißt sie Affen und Faultiere von den Ästen der Urwaldbäume.

ausgewach-
er Weißkopf-
adler: Kopf
ß, Körper
nkelbraun

Warum barfuß?
Adler, die Fische jagen, haben nackte Füße. Auch der Weißbauchseeadler hat keine Federn an den Fängen. Sonst müßte er den ganzen Tag mit „nassen Socken“ umherlaufen.

Zirkusnummer
Der Gaukler ist ein wahrer Flugkünstler. Bei der Paarung schlagen das Männchen und das Weibchen Purzelbäume in der Luft.

Federschmuck
Bei den Indianern galten die Adler als heilige Tiere. Nur tapfere Krieger durften Adlerfedern tragen – eine für jede Heldentat.

Jäger der Nacht

Eulen haben besonders weiche Federn, mit denen sie so lautlos durch die Nacht fliegen, daß ihre Beutetiere sie nicht bemerken.

Schneeweiß
Die Schnee-Eule lebt in der Arktis in Schne und Eis. Ihr dickes weißes Gefieder hält sie warm und macht sie im Schnee fast unsichtbar. Federn ar den Fußsohlen sorge dafür, daß die Eule keine kalten Füße bekommt.

Kluge Eule
Athene, die griechische Göttin der Weisheit, wird oft mit einer Eule auf der Schulter oder mit Eulenkopf dargestellt. Aber auch in unseren Märchen kommen weise Eulen vor.

Für die Kinder
Eulen jagen selten bei Regen, denn ihre weichen Federn werden leicht naß. Doch diese Schleiereule hat fünf hungrige Junge. Da muß sie bei Wind und Wetter hinaus.

Unbeliebt
Sobald eine Eule auftaucht, schließen sich andere Vögel zusammen und greifen sie an, um sie zu vertreiben. Eulen fressen nämlich auch schlafende Vögel!

Alles auf einmal
Eulen reißen ihre Beutetiere nicht in Stücke wie Greifvögel, sie verschlingen sie ganz. Ob es diesem Waldkauzküken schon gelingt, eine Maus in einem Stück hinunterzuwürgen?

Eulen können ihre großen Augen nicht in den Höhlen hin- und herbewegen; sie drehen den Kopf – auch ganz nach hinten.

ulenliebe

ulen werben mit Geheul meinander. Manche aare heulen im Duett. ie rücken eng zusammen und geben sich chnabelküßchen.

ulen haben anz weiche edern. Deshalb erzeugen e kaum Flugeräusche.

achtsicht

er Nepal-Uhu bt in Indien nd im Himalaja. r frißt kleine iere, z.B. idechsen. Wie le Eulen jagt er auptsächlich nachts. Eulen hören re Beute in der Dunkelheit, sie können ber auch im Dunkeln sehen – allerdings nur hwarz-weiß.

Flug

Die meisten Greifvögel beherrschen besondere Flugtechniken wie Rüttel- oder Sturzflug.

Stillstand
Turmfalken rütteln: Sie bleiben mit schnellem Flügelschlag an einer Stelle in der Luft stehen. Das ist sehr anstrengend, aber der Falke kann so den Boden unter sich ganz genau nach Beute absuchen.

Sturzflug
Wenn Falken mit angelegten Flügeln auf ihre Beute herabstoßen, gleichen sie einer Rakete. Ein Wanderfalke kann im Sturzflug bis zu 350 km/h erreichen.

Zu schnell
Ein Turmfalke steht im Rüttelflug in der Luft. Sobald er ein Beutetier erspäht hat, stürzt er sich blitzschnell darauf. Diese Wühlmaus hat er überrascht, bevor sie in ihrem Loch verschwinden konnte.

Liebesflüge
Weißkopfseeadler fliegen bei ihren Hochzeitsflügen hoch in die Luft, fassen sich an den Fängen und lassen sich radschlagend nach unten fallen.

Sonnenbad

Vögel verwenden viel Zeit auf die Pflege ihres Gefieders, auf dessen guten Zustand sie beim Fliegen angewiesen sind. Dieser Truthahngeier hat gerade gebadet. Nun sitzt er in der Sonne und läßt seine Federn trocknen.

Sanfte Landung

Dieser Wüstenbussard setzt zur Landung an. Zum Bremsen hat er Flügel und Schwanzfedern ausgebreitet.

Weiter Weg

Geier fliegen oft gewaltige Strecken zu einer Mahlzeit, manchmal bis zu 160 km.

Die Schwanzfedern sind ausgebreitet wie ein Fächer.

Spezialisten

Nahrungsspezialisten nennt man Tiere, die nur ganz bestimmte Tiere oder Pflanzen fressen.

Knochenbrecher
Der Bartgeier frißt Knochenmark. Er fliegt mit den Knochen hoch in die Luft und läßt sie herunterfallen. Sie zerbrechen, und das Mark liegt frei.

Fledermausfänger
Der Fledermaus-Gleitaar jagt in der Dämmerung. Dann kommen die Fledermäuse, seine Leibspeise, noch halb verschlafen aus ihren Höhlen.

Schneckenschlemmer
Der Schneckenweih frißt nur Süßwasser-Deckelschnecken. Er schiebt seinen langen, dünnen Schnabel zwischen Deckel und Schale des Schneckenhauses und löst den Körper der Schnecke vom Haus ab.

Wählerisch
Wanderfalken fressen von ihrer Beute oft nur die besten Stücke. Wie die meisten Greifvögel rupfen sie ihre Beute, bevor sie sie verspeisen. Von diesem Fasan frißt der Falke vielleicht nur das saftige Brustfleisch. Den Rest läßt er liegen.

Dieser Schmutzgeier will gerade ein Straußenei zertrümmern.

Vegetarier
Der Palmgeier ernährt sich hauptsächlich von den Früchten der Ölpalme. Manchmal frißt er auch „Meeresfrüchte“: Fische, Weichtiere und Krabben.

Mit Werkzeug
Der Schmutzgeier frißt am liebsten Straußeneier. Doch deren harte Schale kann er mit seinem Schnabel nicht knakken. Deshalb schlägt er mit Steinen so lange auf das Ei ein, bis die Schale zerbricht.

Schützende Schuppenschuhe
Schlangenadler haben kurze, kräftige Zehen. Damit lassen sich schlüpfrige Schlangen gut packen. Die Adlerbeine sind mit großen, harten Schuppen bedeckt, die vor dem Giftbiß der Schlange schützen.

Kindheit

Die meisten Eulen und Greifvögel legen nur wenige Eier. Es ist nicht leicht, die hungrigen Jungen jeden Tag mit frischem Fleisch zu versorgen. Außerdem bringen die Eltern ihren Kindern das Fliegen und Jagen bei.

Steinadler *Milan* *Wanderfalke*

Würgfalke *Merlin* *Weißgesichteule* *Halsbandzwergfalke*

Groß und klein
Das größte Greifvogelei, das des Steinadlers, ist 8 cm lang, das kleinste, das des Halsbandzwergfalken, 3 cm.

Ein Bett für Riesen?
Das Nest eines Greifvogels nennt man Horst. Adlerhors sind so groß, daß ein erwach sener Mensch sich ausgestre hineinlegen könnte. Die mei sten Adler kehren jedes Jahr ihrem angestammten Horst zurück.

Hunger!
Greifvogelkinder wie diese jungen Rotschwanzbussarde werden von klein auf mit Fleisch gefüttert. In guten Jahren reicht das Futter für mehrere Junge, in schlechten drängen sich die stärkeren Küken bei der Fütterung vor, und die schwachen sterben.

Wäscheklau?
Rotmilane polstern ihre Horste mit Wolle und Lumpen aus. Sie sollen sogar schon Wäsche von der Leine gestohlen haben.

Die feinen lauschigen ›dern nennt ıan Daunen der Dunen.

:r hat es eilig

)er Halsbandzwergfalke ist einer der kleinsten ›reifvögel. Dieses Zwergfalkenküken ist erst drei ˜age alt, aber mit 7 cm schon halb so groß wie eine Eltern. Es bekommt auch schon die ersten ˜edern des Erwachsenenkleids.

Keine Angst vor wilden Wespen

Der Wespenbussard gräbt Wespen-, Bienen- und Hummelnester aus. Die Waben mit den fetten Larven bringt er seinen Jungen. Der Altvogel selbst frißt auch die erwachsenen Insekten. Den Giftstachel beißt er vorher ab.

Stadtbewohner

Eine ganze Reihe von Greifvögeln findet man auch in Städten. Der Turmfalke brütet z.B. gern auf Kirchtürmen oder anderen hohen Gebäuden. Auch Wanderfalken und Milane kann man in Städten beobachten.

;chrecklich aufgeplustert

Vird eine Waldohreule mit Jungen bedroht, reitet sie die Flügel fächerartig aus und lustert ihr Gefieder auf. Dadurch sieht sie rößer und gefährlicher aus, und der Feind ekommt vielleicht Angst.

Falknerei

Falkner zähmen Greifvögel für die Beizjagd. Bei der Beizjagd werden die abgerichteten Vögel auf andere Tiere losgelassen. In China kannte man diese Art der Jagd schon vor 4000 Jahren.

Die Haube verhindert, daß der Vogel erschrickt.

Ein Beizfalke trägt Lederbänder an den Beinen, die man Geschüh nennt. Am Geschüh ist die Fessel befestigt, mit der der Falke festgehalten wird.

Schutzhandschuh
Dieser Lanner sitzt auf der Hand des Falkners. Ein dicker Handschuh schützt den Falkner vor den scharfen Falkenkrallen und macht dem Falken das Sitzen bequemer.

Im Kriegseinsatz
Julius Cäsar setzte Jagdfalken im Krieg ein. Die Falken wurden darauf abgerichtet, Brieftauben zu töten, mit deren Hilfe die Feinde Nachrichten austauschten.

Beizjagd
Im Mittelalter waren Beizjagden ein beliebtes Vergnügen der Adligen. In prächtigen Gewändern und auf stolzen Pferden erschienen die Jagdgäste mit ihren Falken.

ute Pflege
eizfalken dürfen täglich baden. ie trinken dann auch etwas Vasser. In freier Natur trinken reifvögel nur wenig.

Faß!
Falkner jagen mit einem Falken und einem Jagdhund. Der Hund stöbert das Wild auf und scheucht es aus dem Gebüsch. Dann nimmt der Falkner dem Falken die Haube ab, und dieser verfolgt das Wild.

ling, Glöckchen!
eizfalken tragen ein Glöckchen am ein oder am Schwanz. So weiß der alkner immer, wo sein Falke ist.

Damenfalke
Im Mittelalter war der kleine Merlin der bevorzugte Beizfalke der vornehmen Damen. Manche nahmen ihren Merlin sogar mit in die Kirche.

Der Sekretär

Der Sekretär ist der Greifvogel mit den längsten Beinen. Auf der Suche nach Nahrung stelzt er oft bis zu 30 km am Tag durch die afrikanische Steppe.

Höhenflüge für die Liebe
Wenn ein Sekretärmännchen um ein Weibchen wirbt, tanzt es auf dem Boden. Außerdem macht es Flugkunststücke: hoch hinauf – Sturzflug – wieder hinauf…

Berühmte Beine
Die Beine des Sekretärs sind nicht nur se lang. Sie haben auch dicke Schuppen, di vor Schlangenbissen schützen. Schlangen sind seine Leibspeise.

Schichtwechsel
Sekretäre bauen riesige Nester auf Bäumen mit ausladenden Kronen, z.B. auf Akazien. Sie legen meist zwei Eier. Männchen und Weibchen wechseln sich beim Brüten ab. Hier kommt ein Vogel von der Jagd zurück und löst den anderen ab.

Verrückter Vogel!
Sekretäre fressen nicht nur Schlangen, sondern auch Insekten, Säugetiere und kleine Schildkröten – mit Panzer. Einmal soll ein Sekretär sogar einen Golfball gefressen haben.

n er aufgeregt
r verliebt ist,
tet der Sekre-
eine schwarze
lerhaube auf.

Schlangenschlemmer
Der Sekretär trampelt mit seinen kräftigen Beinen auf einer Schlange herum und erdolcht sie mit seiner scharfen Hinterzehenkralle, der Fangklaue.

Schöne Augen
Der Sekretär hat ein auffälliges orangefarbenes Gesicht und lange schwarze „Wimpern“.

Register